Euripia

Iphigénie en Tauride

Tragédie grecque

 Le code de la propriété intellectuelle du 1er juillet 1992 interdit en effet expressément la photocopie à usage collectif sans autorisation des ayants droit. Or, cette pratique s'est généralisée dans les établissements d'enseignement supérieur, provoquant une baisse brutale des achats de livres et de revues, au point que la possibilité même pour les auteurs de créer des œuvres nouvelles et de les faire éditer correctement est aujourd'hui menacée. En application de la loi du 11 mars 1957, il est interdit de reproduire intégralement ou partiellement le présent ouvrage, sur quelque support que ce soit, sans autorisation de l'Éditeur ou du Centre Français d'Exploitation du Droit de Copie , 20, rue Grands Augustins, 75006 Paris.

ISBN : 978-3-96787-773-1

10 9 8 7 6 5 4 3 2 1

Euripide

Iphigénie en Tauride

Tragédie grecque

Table de Matières

PERSONNAGES 6

IPHIGÉNIE EN TAURIDE 6

PERSONNAGES

Iphigénie

Oreste

Pylade

Le Chœur, composé de femmes grecques.

Un Berger

Thoas

Un Messager

Minerve

IPHIGÉNIE EN TAURIDE

La scène est en Tauride, dans le vestibule du temple de Diane, élevé sur le rivage de la mer.

Iphigénie, *seule.*

Pélops, fils de Tantale, étant venu à Pise avec ses coursiers rapides, épousa la fille d'Œnomaüs, de laquelle naquit Atrée. Atrée eut pour fils Ménélas et Agamemnon ; et moi, Iphigénie, je naquis d'Agamemnon et de la fille de Tyndare, près des flots agités de l'Euripe, que bouleverse sans cesse le souffle orageux des vents. Mon père, pour la cause d'Hélène, crut m'immoler à Diane dans le port célèbre d'Aulis. Là, en effet, le roi Agamemnon avait rassemblé une flotte de mille vaisseaux, afin d'assurer aux Grecs la glorieuse conquête d'Ilion, de venger l'outrage du rapt d'Hélène, et de satisfaire Ménélas. Mais en présence d'une mer impraticable et des vents contraires, il a recours aux sacrifices, et Calchas répond : « Ô toi qui commandes l'armée des Grecs, Agamemnon, tes vaisseaux ne sortiront point du port avant que Diane n'ait reçu pour victime ta fille Iphigénie. Tu fis vœu d'immoler à la déesse qui éclaire les cieux ce que l'année produirait de plus beau. Ton épouse Clytemnestre a enfanté dans ton palais une fille (il m'attribuait ainsi l'avantage de la beauté), c'est elle que tu dois immoler. » Par les artifices d'Ulysse, on m'arrache des bras de ma mère comme pour me conduire à l'hymen d'Achille. À peine arrivée en Aulide, on m'élève sur le bûcher, et déjà l'on me frappait du fer homicide ; mais Diane me déroba aux Grecs en substituant une biche à ma place ; et, m'enlevant dans les airs, elle me transporta ici, en Tauride où règne sur un peuple barbare le barbare Thoas, ainsi nommé pour l'agilité de ses pieds, comparable au vol rapide des oiseaux. La déesse m'établit prêtresse de ce temple, où, parmi les rites auxquels elle se complaît, il en est un qui n'a de beau que le nom. Je garde le silence sur le reste, par crainte de Diane.

En vertu d'une coutume antique de ce pays, j'immole tout Grec qui aborde sur cette terre. C'est à moi d'initier les victimes ; à d'autres est remis le soin abominable de les égorger dans le sanctuaire de la déesse. Mais je raconterai à l'air les nouvelles visions que la nuit m'a envoyées, j'essaierai ce remède aux maux dont je suis menacée. Il m'a semblé, pendant mon sommeil, qu'ayant quitté ce pays, j'habitais à Argos, et je dormais parmi les femmes qui me servaient : tout à coup la terre s'ébranle, je fuis, et à peine dehors, je vois le faîte du palais s'écrouler, et toute la toiture s'affaisser jusqu'à terre. De la maison de mon père une seule colonne restait debout, et de son chapiteau descendait une blonde chevelure et sortait une voix humaine ; et moi, fidèle à mon culte homicide, je l'arrosais d'eau en pleurant, comme une victime destinée à la mort. Or, voici l'interprétation de mon songe : Oreste est mort, c'est son sacrifice que j'ai inauguré. En effet, les enfants mâles sont les colonnes des familles, et la mort frappe ceux que mes ablutions ont atteints. Je ne puis appliquer ce songe à d'autres amis ; Strophius n'avait pas de fils quand je fus sacrifiée. Maintenant donc je veux rendre les honneurs funèbres à mon père, qui n'est plus (c'est là ce qui dépend de moi), aidée des femmes grecques que le roi m'a données pour me servir ; mais elles ne paraissent point encore, je ne sais pour quelle cause, dans ce temple de la déesse où j'habite.

Elle rentre dans le temple.

Oreste.

Regarde, observe s'il n'est personne sur la voie publique.

Pylade.

Je regarde, j'examine, en tournant mes yeux de tous les côtés.

Oreste.

Cher Pylade, ne te semble-t-il pas que c'est là le temple de la déesse, vers lequel nous avons dirigé notre vaisseau en partant d'Argos ?

Pylade.

Cela me semble, Oreste ; tu dois le reconnaître aussi.

Oreste.

Voici donc l'autel sur lequel coule le sang des Grecs ?

Pylade.

Ses flancs sont tout rougis de sang.

Oreste.

Vois-tu des dépouilles suspendues à la corniche ?

Pylade.

Ce sont les tristes restes des étrangers immolés.

Oreste.

Il faut donc bien observer de tous les côtés. Ô Phébus, en quel nouveau piége m'as-tu fait tomber par ton oracle, depuis que j'ai vengé le sang de mon père par le meurtre de ma mère ? Je suis poursuivi sans relâche par les Furies ; fugitif, banni de ma patrie, j'ai porté en bien des lieux mes pas errants. Je suis allé te demander où je trouverais le terme des fureurs qui m'agitent et des épreuves que j'ai subies dans mes courses à travers la Grèce ; tu m'as répondu d'aller dans la Tauride, où Diane ta sœur a des autels, et d'y enlever la statue de la déesse, qu'on dit être descendue du ciel dans ce temple ; et après l'avoir enlevée, soit par adresse ou par quelque heureux coup du sort, le péril une fois passé, de la porter sur la terre d'Athènes (tu ne m'as point donné d'autres ordres), et qu'après avoir accompli cette tâche, je trouverais enfin le repos. Pour obéir à ton oracle, je viens ici, sur une terre inconnue, inhospitalière. Mais, dis-moi, Pylade, puisque tu veux bien t'associer à mes périls, que ferons-nous ? Tu vois l'enceinte et la hauteur de ces murs : escaladerons-nous ce temple ? et alors comment faire pour n'être pas vus ? ou bien ouvrirons-nous les verrous de ces portes d'airain, dont le mécanisme nous est inconnu ? et si l'on nous surprend à ouvrir les portes et à vouloir nous introduire, nous mourrons. Mais plutôt que de mourir, fuyons sur le vaisseau qui nous a portés sur ces bords.

PYLADE.

La fuite ne peut se proposer, et ce n'est pas notre habitude ; il ne faut pas non plus mépriser l'oracle du dieu. Mais écartons— nous du temple et cachons-nous dans les cavernes que la mer baigne de ses eaux sombres, loin de notre vaisseau, de peur que si on le découvre, on n'en prévienne les chefs de ce pays et on ne nous prenne de force. Mais lorsque l'œil de la nuit obscure se montrera, nous tenterons d'enlever du temple la précieuse statue, et nous ferons jouer toutes nos ressources. Vois si dans l'espace de ces triglyphes il y a quelque vide pour y glisser ton corps. Les braves affrontent les dangers, les lâches ne sont bons à rien. Non certes, nous n'aurons pas entrepris une si longue navigation, pour ne penser qu'à notre retour, à peine arrivés au but.

ORESTE.

Tu as raison, faisons ce que tu dis ; retirons-nous dans quelque endroit où nous puissions nous cacher : le dieu ne sera pas cause lui-même de l'impuissance de son oracle. Il faut oser : la jeunesse n'a point d'excuse pour reculer devant le danger.

Iphigénie.

Faites un religieux silence, habitants du Pont-Euxin et des deux îles qui trompent les yeux des voyageurs. Ô fille de Latone, Diane chasseresse, déesse des montagnes, je porte dans ton temple aux lambris dorés et aux colonnes magnifiques mon pied virginal ; sainte prêtresse d'une divinité sainte, j'ai quitté pour toi les murs de la Grèce, ma belliqueuse patrie, pour toi j'ai quitté les bois et les champs fertiles de l'Europe, et le séjour de la maison paternelle.

Le Chœur.

Me voici, qu'y a-t-il de nouveau ? quel sujet t'inquiète ? Pourquoi m'as-tu fait venir au temple, ô fille de ce roi qui marcha contre les murs de Troie avec mille vaisseaux et l'armée innombrable des illustres Atrides ?

Iphigénie.

Chères compagnes, je m'abandonne à mes tristes lamentations, aux chants funèbres d'une voix brisée par la douleur, et que n'accompagne point la lyre. Hélas ! hélas ! dans le deuil de ma famille, tels sont les maux qui m'accablent : je pleure la mort d'un frère. Quel songe funeste m'a envoyé cette nuit, dont les ténèbres viennent de disparaître ! Je suis perdue ! je suis perdue ! toute ma race a péri, la maison paternelle n'est plus. Ô infortune d'Argos ! ô destin, tu me prives encore d'un frère, reste unique de ma famille éteinte ; tu l'as envoyé aux Enfers ; c'est pour lui que je prépare ces offrandes funèbres, et que je vais répandre sur la terre ces libations, le lait que donnent les troupeaux des montagnes, la liqueur de Bacchus et le doux labeur des abeilles, présents par lesquels on apaise les mânes. Donnez-moi ce vase d'or et les libations funèbres. Ô toi qui es sous la terre, rejeton d'Agamemnon, j'envoie ces offrandes à tes mânes ! reçois-les ; je ne pourrai déposer sur ta tombe ni ma blonde chevelure, ni mes larmes ; car je suis loin de ta patrie et de la mienne, où l'on me croit couchée parmi les morts, comme une triste victime.

Le Chœur.

J'entonnerai des chants pour répondre aux tiens, ô ma maîtresse, un hymne asiatique avec les accents d'un pays barbare, muse plaintive, agréable aux morts, inspirée par Pluton, et qui ignore les chants d'allégresse. La lumière de la maison des Atrides n'est plus, leur sceptre est brisé ! Ô race de mon père ! à qui appartient donc à présent l'empire des illustres rois d'Argos ? La douleur naît de la douleur. Le soleil, dirigeant ses coursiers rapides, a détourné leur marche, et nous a dérobé sa brillante lumière. Des calamités diverses fondent sur la maison royale, toutes amenées par le rapt de la Toison d'or. Le meurtre suit le meurtre, la douleur suit la douleur. Depuis ce trépas funeste des fils de Tantale, une furie vengeresse s'est attachée à sa race, et un génie ennemi te poursuit.

Iphigénie.

Dès le commencement ; l'hymen de ma mère m'a été funeste, et dès cette première nuit nuptiale les Parques me destinèrent une naissance et des jours livrés à la souffrance ; premier fruit de cet hymen, enfantée et élevée par la malheureuse fille de Léda, dont les Grecs avaient brigué la main, je fus élevée victime dévouée, misérablement sacrifiée par la démence d'un père, je fus conduite sur un char, aux rivages d'Aulis, en qualité d'épouse ; hélas ! déplorable épouse, destinée au fils de Thétis. Et maintenant, étrangère sur ces bords inhospitaliers, j'habite un séjour odieux, sans époux, sans enfants, sans patrie, sans amis. Mon temps ne se passe plus à chanter Junon, déesse d'Argos, ni à représenter sur la toile, avec la navette retentissante, l'image de Minerve et des Titans ; mais j'arrose les autels du sang des étrangers qui poussent des gémissements lamentables, et dont les larmes excitent ma pitié. Mais maintenant j'oublie tous ces maux, et je pleure mon frère mort à Argos, lui que je laissai encore à la mamelle, tendre fleur, faible enfant encore suspendu au sein de sa mère, Oreste, destiné à porter le sceptre d'Argos.

Le Chœur.

Voici un berger qui vient des bords de la mer ; sans doute il t'apporte quelque nouvelle.

Le Berger.

Fille d'Agamemnon, fille de Clytemnestre, écoute la nouvelle que je viens t'apprendre.

Iphigénie.

Qu'y a-t-il, pour me distraire du sujet qui m'occupe ?

Le Berger.

Deux jeunes hommes sortis secrètement de leur vaisseau ont abordé sur là terre des Cyanées victimes préparées pour la déesse, sacrifice agréable à Diane ! Prépare donc au plus tôt l'eau lustrale et les initiations.

Iphigénie.

D'où sont ces étrangers ? quel est le nom de leur pays ?

Le Berger.

Ils sont Grecs c'est tout ce que je sais.

Iphigénie.

N'as-tu pas entendu leurs noms ? Ne peux-tu me les dire ?

Le Berger.

Pylade est le nom que l'un d'eux donnait à l'autre.

Iphigénie.

Et quel était celui de son compagnon ?

Le Berger.

Personne ne le sait ; nous ne l'avons pas entendu.

Iphigénie.

Comment les avez-vous vus, et comment les avez-vous pris ?

Le Berger.

Sur les bords de cette mer inhospitalière.

Iphigénie.

Et qu'est-ce que des bergers ont à faire avec la mer ?

Le Berger.

Nous allions baigner nos bœufs dans ses eaux.

Iphigénie.

Reviens à ma question : Comment les avez-vous pris, et par quel moyen ? C'est ce que je veux savoir. Ils sont venus de bonne heure, et l'autel de la déesse n'a pas encore été arrosé de sang grec.

Le Berger.

Nous avions conduit nos bœufs habitués à paître dans les bois, au bras de mer qui sépare les Symplégades : là est une roche escarpée, et creusée par l'agitation des vagues, retraite pour ceux qui pêchent le coquillage dont on tire la pourpre. Là, un des bergers vit deux jeunes gens, et il se retira sur la pointe des pieds, en disant : « Ne voyez-vous pas ? il y a là des divinités. » Un de nous, homme pieux, leva les mains et les adora avec respect. « Ô fils de Leucothée déesse des mers, protecteur des navires, divin » Palémon, sois-nous propice. Ou peut-être êtes-vous les deux Dioscures, ou les fils de Nérée, qui engendra la noble troupe des cinquante Néréides. »

Mais un autre, plus léger, et d'une impiété hardie, se moqua de ces prières, et dit que c'étaient des matelots naufragés, qui s'étaient cachés dans la caverne, par crainte de l'usage établi parmi nous d'immoler les étrangers. Son avis parut sensé à la plupart de nous, et l'on convint de donner la chasse à ces victimes destinées à la déesse. Cependant l'un des deux étrangers sortit de la grotte, et debout, agitant la tête d'un air égaré, il poussait de profonds soupirs : ses bras étaient saisis d'un affreux tremblement, et, dans les transports de sa fureur, il poussait des cris comme un chasseur : « Pylade, vois-tu celle-ci ? ne vois-tu pas cette furie infernale ? elle veut me tuer, en tournant contre moi les horribles serpents dont elle est armée. Elle respire la flamme et le sang, et sous les voiles qui l'enveloppent elle agite ses ailes, tenant ma mère entre ses bras, pour m'écraser sous cet énorme rocher... Ah ! elle va me tuer. Où fuir ? » On ne voyait pas ces formes elles-mêmes, mais il poussait tantôt des mugissements comme un taureau, tantôt des aboiements comme les chiens, dont les Furies imitent, dit-on, les cris. Pour nous, frappés d'effroi et comme de stupeur, nous restions en silence. Mais lui, tirant son épée, se précipite au milieu de nos troupeaux comme un lion ; il frappe, il perce leurs entrailles, croyant se défendre ainsi contre les Furies ; une écume sanglante couvre la mer. Cependant chacun de nous, voyant ses troupeaux tomber égorgés, prend les armes, et sonne de la trompe pour appeler les habitants ; car, contre ces étrangers jeunes et pleins de vigueur, nous pensions que des bergers seraient trop faibles. Une troupe nombreuse se rassemble en un moment : cependant l'étranger tombe, l'accès de sa fureur se calme, l'écume coule de ses lèvres. En le voyant tomber si à propos, chacun de nous se mot à l'œuvre, à frapper, à lancer des pierres ; mais l'autre étranger essuyait l'écume qui sortait de la bouche de son ami ; il veillait sur lui, le couvrait de ses vêtements, observait et parait les coups, et lui rendait tous les soins d'un ami dévoué. L'étranger, revenu à lui, se relève, et, à l'aspect de cette nuée d'ennemis et de l'orage qui les menace, il gémit ; nous ne cessions de lancer des pierres, en les pressant de toutes parts. Alors nous entendîmes ces paroles terribles : « Pylade, nous mourrons, mais mourons avec gloire ; prends ton épée et suis-moi. » Quand nous vîmes les deux épées nues, toute notre troupe en fuite couvrait les bois d'alentour ; mais tandis que les uns fuyaient, les autres recommençaient l'attaque ; et lorsque ces derniers étaient repoussés, les fuyards revenaient sur leurs pas, et faisaient à leur tour voler les pierres. Mais chose incroyable ! de tant de bras réunis, nul ne pouvait atteindre les victimes destinées à la déesse. C'est avec peine, et non à force ouverte, que nous sommes venus à bout de les prendre ; nous les avons enveloppés, et nous leur avons fait tomber les épées des mains à coups de pierres. Épuisés de fatigue, leurs genoux fléchissent jusqu'à terre. Nous les conduisons au roi de ce pays ; après un regard jeté sur eux, il te les envoie aussitôt, pour les soumettre aux ablutions, et les immoler. Souhaite, jeune fille, d'avoir souvent de pareilles victimes à immoler ; en versant leur sang, tu puniras la cruauté des Grecs, et tu vengeras ton sacrifice accompli en Aulide.

LE CHŒUR.

Tu as dit des choses surprenantes de cet étranger, quel qu'il soit, qui est apparu de la Grèce sur cette mer inhospitalière.

IPHIGÉNIE.

C'est bien. Va, et amène les étrangers. J'aurai soin du reste.

il sort

IPHIGÉNIE.

Ô mon triste cœur, jadis tu étais doux et compatissant pour les étrangers, accordant des larmes à tes compatriotes, lorsque des Grecs tombaient entre tes mains. Mais aujourd'hui le songe qui a aigri mon cœur, en me persuadant qu'Oreste ne voit plus le jour, me laisse malveillante pour vous, qui que vous soyez ; et c'est avec justice. Mon cœur est ulcéré, chères amies : le bonheur d'autrui blesse les malheureux, quand ils ont eux-mêmes connu la prospérité. Mais jamais les vents et les vaisseaux conduits par Jupiter n'amèneront-ils en ces lieux Hélène, auteur de mes maux, ni Ménélas, pour les livrer à ma vengeance et leur trouver ici une autre Aulide, où les Grecs m'ont immolée comme une faible génisse ? Et mon père était le sacrificateur. Hélas ! (je ne puis oublier ces horreurs) combien de fois ai-je porté les mains au visage de mon père, attachée à ses genoux, que je tenais embrassés ! « Ô mon père, lui disais-je, à quel triste hymen tu me condamnes ! Ma mère, à l'instant même où tu m'immoles, et les femmes d'Argos célèbrent cet hymen par leurs chants ; tout le palais retentit du son des flûtes, et cependant je péris par tes mains ! Cet Achille que tu m'avais promis pour époux, c'était donc Pluton, et non le fils de Pélée ? Et c'est par artifice que tu m'as conduite sur un char de triomphe à ce sanglant hymen ! » Contente de mes regards à travers mes voiles légers, je pris entre mes bras ce frère qui aujourd'hui n'est plus. Malgré le titre de sœur, je n'approchai point mes lèvres des siennes par pudeur, parce que j'allais dans la maison de Pélée ; et je différai mes tendres caresses jusqu'à mon retour à Argos. Ô malheureux Oreste, si tu as péri, quel coup funeste, quelle ambition d'un père a causé ta perte ? Mais j'ai lieu de me plaindre des lois imposées par la déesse ; les mortels souillés d'un meurtre ou d'un enfantement récent, ou par l'attouchement d'un cadavre, elle les écarte de ses autels comme impurs, et elle prend plaisir à se faire immoler des victimes humaines ! Non, il n'est pas possible que l'épouse de Jupiter, Latone, ait enfanté une divinité si cruellement stupide. Le festin servi aux dieux par Tantale me paraît incroyable ; ils n'ont pu se repaître du corps d'un enfant. Les habitants de ce pays, habitués à verser le sang des hommes, ont rejeté sur les dieux leurs mœurs inhumaines ; car je ne saurais croire qu'une divinité puisse faire le mal.

Le Chœur.

Mer d'azur qui baignes les îles Cyanées, que traversa la frénétique Io lorsque d'Argos elle vint sur le Pont-Euxin, et qu'elle passa d'Europe en Asie, quels sont ces étrangers qui ont quitté les belles eaux de l'Eurotas aux verts roseaux, ou les rives de Dircé, pour aborder sur cette terre inhospitalière, où une prêtresse teint de sang humain l'autel et les colonnes du temple ? Portés par l'effort impétueux de leur double rang de rames, ont-ils lancé sur les flots leur navire, à l'aide des vents qui enflent les voiles, pour satisfaire la passion de l'or qui enrichit leurs maisons ? La douce espérance se change en passion insatiable, pour la perte des mortels, qui reviennent accablés sous le poids des richesses après avoir erré sur les mers et traversé les villes barbares, pour obéir à une vaine ambition : mais si les uns ne gardent point de mesure dans leur cupidité, les autres y conservent la modération. Comment ont-ils franchi cette barrière de rochers et les écueils de Phinée, qui jamais ne sommeille, traversant ces bords dangereux au milieu des vagues retentissantes d'Amphitrite, où les chœurs des cinquante Néréides font entendre leurs chants même avec le souffle des vents favorables, et le solide gouvernail qui fend les flots gémissants poussés par l'haleine du Notas ou du Zéphyr ? Comment ont-ils pu pénétrer sur cette terre qui sert de retraite aux oiseaux, cette île aux rives blanchissantes, illustrée par les courses d'Achille dans le Pont-Euxin ?

Plût aux dieux que, secondant les vœux de ma maîtresse, le hasard amenât en ces lieux Hélène, la fille chérie de Léda, à son départ de Troie, afin que, saisie par les cheveux et purifiée par l'eau lustrale qui désigne à la mort, elle expire sous la main d'Iphigénie, payant ainsi les maux qu'elle lui a causés ! Avec quelle joie je recevrais la nouvelle que de la Grèce il est arrivé un navigateur, pour mettre un terme aux maux de ma triste servitude ! Puissé-je, même en songe, jouir, au sein de ma patrie et de la maison paternelle, des chants d'allégresse qui sont le partage des heureux !

Le Chœur.

Mais voici les deux victimes qui s'avancent, les mains chargées de chaînes. Faites silence, chères amies. Les deux Grecs destinés au sacrifice s'approchent du temple, et le berger ne nous a point fait un faux rapport. Vénérable déesse, si le culte que ce peuple te rend t'est agréable, reçois ce sacrifice que la loi du pays te présente, mais que les mœurs des Grecs déclarent impie.

Iphigénie.

C'est bien. Mes premiers soins doivent être pour le culte de la déesse. Déliez d'abord la main de ces étrangers ; dès qu'ils sont consacrés, ils ne doivent plus porter de chaînes. Entrez dans le temple, préparez tout ce qu'il faut pour la cérémonie, et tout ce que la loi exige. Hélas ! quelle est la mère qui vous a donné le jour ? quel est votre père, quelle est votre sœur, si vous en avez ? de quels frères elle va être privée ! Car qui connaît les événements et qui sait à qui ils sont réservés ? Les volontés des dieux sont enveloppées de ténèbres, et nul ne prévoit les malheurs qui le menacent : c'est par de secrets détours que la fortune nous conduit dans l'adversité. D'où venez-vous, malheureux étrangers ? quel long chemin vous avez parcouru pour aborder en cette contrée ! Mais que votre absence de votre patrie sera longue, une fois descendus aux Enfers !

Oreste.

Pourquoi gémir ainsi ? pourquoi nous attrister par les malheurs qui nous attendent, ô femme, qui que tu sois ? Je n'appelle pas sage celui qui au moment de mourir veut vaincre la crainte de la mort par l'attendrissement, ni celui qui, en présence du moment fatal, se livre aux lamentations sans espoir de salut. Il redouble en effet son malheur ; il encourt le reproche de démence, et il n'en meurt pas moins. Il faut laisser aller la fortune. Cessez de plaindre notre sort : nous connaissons trop les sacrifices en usage dans ce pays.

Iphigénie.

Lequel de vous se nomme Pylade ? voilà ce que je veux savoir d'abord.

Oreste.

C'est lui, s'il peut t'être agréable de l'apprendre.

Iphigénie.

De quelle ville grecque est-il citoyen ?

Oreste.

Quand tu le sauras, que t'en reviendra-t-il, ô femme ?

Iphigénie.

Êtes-vous frères nés de la même mère ?

Oreste.

Nous sommes frères par l'amitié, non par la naissance.

Iphigénie.

Mais toi, quel nom as-tu reçu de l'auteur de tes jours ?

Oreste.

Je suis malheureux ; voilà le nom qui me convient.

Iphigénie.

Ce n'est pas ce que je demande ; c'est là un tort de la fortune.

Oreste.

En mourant inconnus, on ne rira point de nous.

Iphigénie.

Pourquoi ce refus, ou pourquoi cette fierté ?

Oreste.

Tu immoleras mon corps, et non pas mon nom.

Iphigénie.

Ne diras-tu pas même la ville où tu es né ?

Oreste.

Tu demandes là une chose inutile à un homme qui va mourir.

Iphigénie.

Et qui t'empêche de m'accorder cette grâce ?

Oreste.

La célèbre Argos est ma glorieuse patrie.

Iphigénie.

Au nom des dieux, étranger, es-tu vraiment de ce pays ?

Oreste.

Je suis de Mycènes, ville jadis fortunée.

Iphigénie.

Est-ce l'exil qui te chasse de ta patrie, ou quelque autre événement ?

Oreste.

Un exil involontaire en quelque sorte, et toutefois volontaire.

Iphigénie.

Voudrais-tu me dire quelqu'une des choses que je désire savoir ?

Oreste.

Ce sera comme un surcroît à mon infortune.

Iphigénie.

Ton arrivée d'Argos remplit mes vœux.

Oreste.

Non les miens : mais s'il te plaît ainsi, interroge-moi.

Iphigénie.

Troie, cette ville dont on parle partout, t'est sans doute connue.

Oreste.

Plût aux dieux que je ne l'eusse jamais connue, pas même en songe !

Iphigénie.

On dit qu'elle n'est plus, et que la guerre l'a détruite.

Oreste.

Il en est ainsi, on ne t'a point abusée.

Iphigénie.

Hélène est-elle revenue dans la maison de Ménélas ?

Oreste.

Elle est revenue, et son retour a été funeste à quelqu'un des miens !

Iphigénie.

Où est-elle ? moi aussi, il est des maux dont j'ai à lui demander compte.

Oreste.

Elle habite Sparte avec son ancien époux.

Iphigénie.

Ô Hélène ton nom odieux pour la Grèce entière, et non pour moi seule !

Oreste.

Moi aussi, j'ai connu les fruits de son hymen.

Iphigénie.

Le retour des Grecs s'est-il accompli, comme la renommée le publie ?

Oreste.

Comme dans une seule de tes questions se pressent à la fois toutes les autres !

Iphigénie.

Avant que tu ne meures, je veux m'instruire de ces faits.

Oreste.

Questionne-moi, puisque tu le désires ; je répondrai.

Iphigénie.

Un devin nommé Calchas est-il revenu de Troie ?

Oreste.

Il est mort, à ce qu'on disait à Mycènes.

Iphigénie.

Ô vénérable déesse, quelle justice ! Et le fils de Laërte ?

Oreste.

Il n'est pas encore de retour à Ithaque ; cependant il existe, on le croit.

Iphigénie.

Puisse-t-il périr, et ne jamais revoir sa patrie !

Oreste.

Ne fais point d'imprécation ; son sort est assez triste.

Iphigénie.

Et le fils de Thétis vit-il encore ?

Oreste.

Il n'est plus : vainement son hymen fut préparé en Aulide.

Iphigénie.

Ce ne fut qu'une feinte, à ce que prétendent ceux qui l'apprirent à leurs dépens.

Oreste.

Qui es-tu donc ? avec quel intérêt tu t'informes des affaires de la Grèce !

Iphigénie.

Je suis de ce pays. Je l'ai perdu encore enfant.

Oreste.

Ce n'est donc pas sans sujet que tu désires savoir ce qui s'y passe.

IPHIGÉNIE.

Et ce général qu'on disait si heureux ?

ORESTE.

Lequel ? car, hélas ! celui qui m'est connu ne saurait être appelé heureux.

IPHIGÉNIE.

On l'appelait le roi Agamemnon, fils d'Atrée.

ORESTE.

Je ne sais rien : femme, laisse là toutes ces questions.

IPHIGÉNIE.

Ah ! plutôt, au nom des dieux, parle, étranger, pour me rendre quelque joie.

ORESTE.

Il est mort, l'infortuné, et sa mort a été funeste à quelqu'un.

IPHIGÉNIE.

Il est mort ? Par quel événement ? Ah ! malheureuse que je suis !

ORESTE.

Pourquoi ces gémissements qui t'échappent ? qu'avait-il de commun avec toi ?

IPHIGÉNIE.

Je gémis sur son antique fortune.

Oreste.

Mort déplorable, en effet, de périr par la main de son épouse.

Iphigénie.

Ô que de larmes à verser, et sur la coupable, et sur sa victime !

Oreste.

Cesse tes questions, ne m'interroge pas davantage.

Iphigénie.

Encore un mot : l'épouse de cet infortuné vit-elle encore ?

Oreste.

Elle n'est plus ; le fils qu'elle avait enfanté lui a ôté la vie.

Iphigénie.

Ô maison en proie au trouble et au désordre ! Et est-ce volontairement qu'il l'a tuée ?

Oreste.

Ce fut pour venger la mort de son père.

Iphigénie.

Hélas ! qu'il a bien fait d'en tirer ce juste châtiment !

Oreste.

Cependant il a les dieux contre lui, quelque juste que soit sa cause.

IPHIGÉNIE.

Agamemnon a-t-il laissé quelque autre rejeton ?

ORESTE.

Il a laissé une seule fille, Électre.

IPHIGÉNIE.

Mais quoi ? ne dit-on rien de son autre fille immolée en Aulide ?

ORESTE.

Rien, si ce n'est qu'elle est morte et qu'elle ne voit plus le jour.

IPHIGÉNIE.

Elle est bien à plaindre, elle et le père qui l'a immolée.

ORESTE.

Elle a péri pour une femme perfide, bien peu digne d'un tel sacrifice.

IPHIGÉNIE.

Mais le fils du roi mort est-il dans Argos ?

ORESTE.

Il vit, et il est malheureux, forcé d'errer par toute la terre.

IPHIGÉNIE.

Adieu, songes trompeurs ; vous n'êtes qu'illusion.

Oreste.

Les dieux, qu'on appelle sages, ne sont pas moins trompeurs que les songes légers. Une grande confusion règne dans les choses divines et dans les choses humaines. Une seule chose subsiste : c'est que, sans être dans le délire, il a cru aux oracles des devins, et il a péri de la mort que renaissent ceux qui en ont le secret.

Le Chœur.

Hélas ! qui nous apprendra aussi la destinée de nos parents ? vivent-ils ? sont-ils privés de la vie ?

Iphigénie.

Écoutez, étrangers ; je médite un projet qui peut vous être utile, ainsi qu'à moi. Un plan n'a jamais plus de chances de succès, que lorsqu'il rencontre l'approbation générale. Veux-tu, si je te donne la vie, retourner à Argos avec un message de ma part pour mes amis, et y porter une lettre qu'un captif touché de compassion a écrite en mon nom, convaincu que ma main était innocente du sang qu'elle versait, et qu'il mourait victime de la loi, et de la volonté de la déesse qui justifiait ce barbare usage. Je n'ai trouvé personne jusqu'à ce jour qui pût retourner à Argos chargé de mon message, et rendre cette lettre à un de mes amis. Pour toi, qui parais être de naissance distinguée, et qui connais Mycènes et ceux que j'ai en vue, sois libre, et toi aussi tu auras une récompense qui n'est pas à dédaigner, la vie, en échange du service que tu m'auras rendu. Pour ton compagnon, puisque nos lois l'exigent, qu'il soit, seul et sans toi, la victime offerte à la déesse.

Oreste.

J'approuve tout ce que tu as dit, hors un seul point, ô étrangère ! laisser égorger cet ami serait pour moi une peine trop cruelle. Je suis le pilote qui l'embarquai sur cette mer de calamités, et il partage ma malheureuse navigation. Il n'est pas juste que je le perde pour te servir, et pour me soustraire au péril. Mais voici ce qu'il faut faire : remets-lui ta lettre ; il la portera à Argos, et remplira tes désirs ; et moi, j'abandonne ma vie à qui la voudra. Quoi de plus lâche que se sauver soi-même, après avoir plongé son ami dans la détresse ? Mais celui-ci est mon ami, et ses jours me sont plus précieux que les miens.

Iphigénie.

Ô généreux caractère ! combien doit être noble la source où tu as puisé ce dévouement pour tes amis ! puisse te ressembler celui des miens qui survit ! Car, étrangers, moi aussi j'ai un frère ; mon seul malheur est de ne pas le voir. Mais puisque tu le veux ainsi, nous enverrons ton ami porter mon message ; et toi, tu mourras. Une grande passion pour cet ami te possède.

Oreste.

Mais qui me sacrifiera ? qui remplira ce cruel office ?

Iphigénie.

Moi : je suis prêtresse de la déesse.

Oreste.

Office indigne de toi, ô jeune fille, et bien horrible !

Iphigénie.

Mais la nécessité m'y oblige : il faut obéir.

Oreste.

Quoi ! une femme, plonger le glaive dans le sein des hommes !

Iphigénie.

Non ; mais je répandrai l'eau lustrale sur ta chevelure.

Oreste.

Et quel sera le sacrificateur, si cette question m'est permise ?

Iphigénie.

Ceux qu'on charge de ce soin sont dans ce temple.

Oreste.

Et quel tombeau me recevra après ma mort ?

Iphigénie.

Le feu sacré, et une caverne ténébreuse.

Oreste.

Ah ! si la main de mu sœur me rendait les derniers devoirs !

Iphigénie.

Vains souhaits ! étranger, qui que tu sois, ta sœur est bien loin de cette terre barbare. Mais puisque tu es d'Argos, je ne manquerai pas de te servir en tout ce qui sera possible : je déposerai sur ton tombeau de nombreuses offrandes, je répandrai une huile pure sur ton corps, et je ferai couler sur ton bûcher la liqueur que l'abeille dorée exprime du suc des fleurs. Mais j'entre dans le temple de la déesse, et j'en rapporterai ma lettre ; ne prends point de malveillance contre moi. Gardes, veillez sur eux, mais sans les charger de chaînes. Je vais envoyer à Argos des nouvelles inespérées peut-être pour un ami, celui de tous que je chéris le plus ; et ma lettre, en lui apprenant que ceux qu'il croit morts sont vivants, le comblera de joie.

Le Chœur, *en se retirant, à* Oreste.

Je pleure en te voyant destiné aux sanglantes aspersions.

Oreste.

Non, mon sort n'est point à plaindre ; réjouissez-vous plutôt, étrangères.

Le Chœur, *en se retirant, à* Pylade.

Pour toi, jeune homme, nous te félicitons de l'heureuse fortune qui te permet de retourner dans ta patrie.

Pylade.

Il n'est point de bonheur pour un ami, quand il voit mourir son ami.

Le Chœur.

Ô funeste départ ! Hélas ! hélas ! tu péris. Lequel des deux est la victime ? Mon esprit indécis doute encore si c'est sur toi, ou sur lui, que je dois pleurer.

Oreste.

Pylade, au nom des dieux, éprouves-tu les mêmes sentiments que moi ?

Pylade.

Je ne sais : tu me fais une question à laquelle je ne puis répondre.

Oreste.

Quelle est cette jeune fille ? Ne dirait-on pas une Grecque, à la manière dont elle nous interrogeait sur les travaux de la guerre de Troie, sur le retour des Grecs, sur le devin Calchas et sur Achille ! Et comme elle a gémi sur les malheurs d'Agamemnon ! elle s'est informée aussi de son épouse et de ses enfants. Cette étrangère est née à Argos ; autrement, quelle raison aurait-elle d'écrire en ce pays, et de s'intéresser aux affaires d'Argos comme aux siennes propres ?

Pylade.

Tu m'as prévenu ; tes paroles expriment mes pensées, si ce n'est peut-être que la destinée des rois est connue de tous ceux qui ont l'expérience de la vie. Mais elle a dit une autre parole.

Oreste.

Laquelle ? En me la communiquant, peut-être l'entendras-tu mieux.

Pylade.

C'est une honte pour moi, quand tu meurs, de voir la lumière. Avec toi j'ai traversé les mers, avec toi je dois mourir : on m'accusera de peur et de lâcheté à Argos et dans les vallées de la Phocide ! Je passerai aux yeux de la multitude (la multitude est malveillante) pour t'avoir trahi, et m'être sauvé seul, ou même pour t'avoir tué, pour avoir machiné ta mort après la ruine de ta maison, dans l'espoir de ravir ton sceptre en épousant ta sœur, héritière de tous tes biens. Voilà ma crainte, voilà ce qui me fait rougir. Non, rien ne pourra m'empêcher de mourir avec toi, d'offrir avec toi ma tête au glaive et mon corps au bûcher, moi, ton ami, qui redoute le blâme public.

Oreste.

Sois raisonnable : je dois supporter mes maux ; assez fort pour une seule épreuve, je n'en pourrais supporter deux. Car ce que tu appelles un chagrin, tu l'appelles aussi un déshonneur. Tout cela m'est réservé, si, quand tu partages mes périls, je te donne encore la mort. Car pour ce qui me touche, ce n'est pas un malheur, persécuté par les dieux, comme je le suis, de perdre la vie. Mais toi, tu es heureux, ta maison est pure, innocente, tandis que la mienne est coupable et malheureuse. Sauve tes jours, aie des

IPHIGÉNIE EN TAURIDE

enfants de ma sœur, que je t'ai donnée pour épouse, et la race de mon père ne périra pas sans postérité. Pars donc, vis et habite la maison paternelle. Et lorsque tu seras de retour en Grèce, et dans Argos aux vaillants coursiers, je t'en conjure par cette main que je touche, élève-moi un tombeau qui perpétue ma mémoire, et que ma sœur l'arrose de ses larmes et y dépose sa chevelure. Raconte-lui comment j'ai péri immolé par une femme d'Argos sur l'autel de Diane. N'abandonne jamais ma sœur, en voyant la solitude de tes proches et de la maison de ton père. Adieu, compagnon de mes plaisirs, le plus fidèle de mes amis, élevé avec moi dès l'enfance, toi qui as porté si constamment le fardeau de mes douleurs. Apollon, ce dieu prophète, usant de ruse, nous avait abusés ; il nous a rejetés le plus loin possible de la Grèce, rougissant de ses anciens oracles. Je m'abandonnai entièrement à sa conduite ; pour obéir à ses ordres, j'ai tué ma mère, et je meurs à mon tour !

Pylade.

Tu auras un tombeau, et je n'abandonnerai jamais la couche d'Électre, ô infortuné ! car, mort, tu me seras plus cher que pendant ta vie. Mais l'oracle du dieu ne t'a point encore perdu, quoique tu sois bien près du trépas. Mais souvent, souvent l'excès du malheur amène d'étonnantes révolutions.

Oreste.

Garde le silence : les oracles d'Apollon ne me servent de rien ; car voici la prêtresse qui sort du temple.

Iphigénie.

Retirez-vous, chères compagnes, allez dans le temple préparer les choses nécessaires aux sacrificateurs. — Voici, ô étrangers, les tablettes qui contiennent ma lettre : mais écoutez ce que je désire en outre. Une fois le danger passé, nul homme ne reste le même, quand la peur a fait place à l'assurance. Mais je crains qu'à peine échappé de cette contrée, celui de vous qui se chargera de porter mon message à Argos ne l'oublie complètement.

Oreste.

Que veux-tu donc ? qu'est-ce qui t'inquiète ?

Iphigénie.

Qu'il me fasse le serment de rendre cette lettre dans Argos à ceux à qui je l'adresse.

Oreste.

T'engageras tu aussi par un serment réciproque ?

Iphigénie.

À quoi faut-il que je m'engage ? parle.

Oreste.

À renvoyer celui-ci sain et sauf de cette terre barbare.

Iphigénie.

C'est juste ; comment pourrait-il porter mon message ?

Oreste.

Mais le tyran accordera-t-il cette faveur ?

Iphigénie.

Je l'y déciderai, et je ferai moi-même embarquer ton ami.

Oreste.

Jure donc, Pylade ; et toi, indique-lui les termes saints du serment qu'il doit prêter.

Iphigénie.

Qu'il dise : « Je rendrai cette lettre a tes amis. »

Pylade.

Oui, je rendrai cet écrit à tes amis.

Iphigénie.

Et moi je te renverrai sain et sauf des îles Cyanées.

Oreste.

Quel dieu prends-tu a témoin de ton serment ?

Iphigénie.

Diane, dont je suis la prêtresse.

Pylade.

Et moi, le roi du ciel, le grand Jupiter.

Iphigénie.

Et si tu me trahis, au mépris de ton serment ?

Pylade.

Puissé-je ne revoir jamais ma patrie. Et toi, si tu ne sauves mes jours ?

Iphigénie.

Puissé-je ne jamais porter vivante mes pas dans Argos !

Pylade.

Écoute maintenant une chose que nous avons omise.

Iphigénie.

Il sera toujours temps si elle est convenable.

Pylade.

Accorde-moi cette exception : si le vaisseau fait naufrage, si ta lettre périt avec mes biens dans la tempête, si je ne sauve que ma vie, que le serment ne soit plus obligatoire pour moi.

Iphigénie.

Sais-tu ce que je ferai ? plus on prend de soins, plus on a de chances de succès. Je te dirai le contenu de ma lettre, pour que tu puisses la rendre à mes amis : ainsi tout sera en sûreté. Si en effet tu conserves ma lettre, pour que tu puisses la rendre à mes amis : ainsi tout sera en, sûreté. Si en effet tu conserves ma lettre, ses muets caractères diront ce qu'elle contient ; si au contraire elle disparaît dans la mer, tu en conserveras le sens en sauvant ta vie.

Pylade.

C'est bien dit, dans l'intérêt des dieux et dans le mien. Mais fais-moi connaître à qui dans Argos je dois porter ta lettre, et ce que je dois dire, comme le tenant de ta bouche.

Iphigénie.

Dis à Oreste, fils d'Agamemnon : « Celle qui t'écrit est celle qui fut immolée en Aulide, Iphigénie, qui vit encore, quoiqu'elle ne vive plus pour vous... »

Oreste.

Où est-elle ? après sa mort, comment a-t-elle pu revivre ?

Iphigénie.

C'est elle-même que tu vois : ne m'interromps point. « Ramène-moi dans Argos, ô mon frère ; délivre-moi, avant que je meure, de cette terre barbare et du culte cruel de la déesse, à qui mon ministère m'oblige d'immoler les étrangers. »

Oreste.

Ah ! Pylade, que dire ? où sommes-nous ?

Iphigénie.

« Ou mes imprécations s'attacheront à ta famille, Oreste.... »
à Pylade.
C'est son nom que je répète une seconde fois pour que tu le saches bien.

Pylade.

Ô dieux !

Iphigénie.

Pourquoi invoques-tu les dieux dans une affaire qui me touche ?

Pylade.

Rien. Poursuis : mon esprit était distrait. Peut-être, sans t'interroger, arriverai-je à la certitude.

Iphigénie.

Dis-lui que Diane me sauva en mettant à ma place une biche, que mon père immola, croyant plonger le glaive dans mon sein, et que la déesse me transporta dans cette contrée. Tel est mon message ; voilà ce qui est contenu dans ma lettre.

Pylade.

Ô serment, facile à accomplir, que tu as exigé de moi ; ô heureux serment que tu as prêté toi-même ! je ne tarderai pas longtemps à m'acquitter du mien. Tiens, Oreste, voilà la lettre que je t'apporte et que je te remets de la part de ta sœur.

Oreste.

Je la reçois : mais laissons là ce que contiennent ces tablettes, et livrons-nous d'abord à un plaisir plus réel. Ô sœur chérie ! dans ma surprise, je doute encore de mon bonheur en te serrant dans mes bras, et je m'abandonne à la joie en apprenant ces faits incroyables.

Le Chœur.

Étranger, tu souilles témérairement la prêtresse de Diane, en portant une main profane sur les voiles sacrés qui la couvrent.

Oreste.

Ô ma sœur, fille de mon père Agamemnon, ne me repousse pas, en retrouvant un frère que tu croyais ne revoir jamais.

Iphigénie.

Toi, mon frère ? Ah ! cesse de le prétendre. Il est à Argos ou à Nauplie.

Oreste.

Infortunée, ton frère n'est pas aux lieux que tu nommes.

Iphigénie.

La fille de Tyndare t'aurait-elle donné le jour ?

Oreste.

Oui, et j'ai pour père le petit-fils de Pélops.

Iphigénie.

Que dis-tu ?… Peux-tu m'en donner quelque preuve ?

Oreste.

Je le puis : interroge-moi sur notre famille.

Iphigénie.

C'est à toi de parler, et à moi de t'écouter.

Oreste.

Je te dirai d'abord ce que j'ai appris de la bouche d'Électre. Tu connais la querelle qui divisa Atrée et Thyeste ?

Iphigénie.

On me l'a racontée ; c'était au sujet de la toison d'or.

Oreste.

Tu sais donc aussi que tu l'as représentée sur un tissu brodé de tes mains ?

Iphigénie.

Ô toi que j'aime déjà, tu es sur le chemin de mon cœur.

Oreste.

Et cette image que tu traças sur la toile, le Soleil reculant d'horreur ?

Iphigénie.

Oui, j'ai tracé aussi cette image en tissu délicat.

Oreste.

Et le bain que te fit préparer ta mère en Aulide ?

Iphigénie.

Il est vrai ; un noble hymen ne dut pas m'en priver.

Oreste.

Et encore, ta chevelure que tu envoyas à ta mère ?

Iphigénie.

Comme souvenir à déposer sur mon tombeau.

Oreste.

Ce que j'ai vu moi-même me fournira aussi des indices certains. La lance antique dont s'arma la main de Pélops, pour tuer dans Pise Œnomaüs et conquérir Hippodamie, je l'ai vue cachée dans ton appartement.

Iphigénie.

Ô frère chéri, quel autre nom te donner ? car tu es ce que j'ai de plus cher au monde. Je te revois donc, Oreste, loin de ta patrie, loin d'Argos ! Ah ! mon frère !

Oreste.

Et moi, je te revois après avoir cru si longtemps à ta mort. La joie se mêle à nos soupirs, et de douces larmes mouillent tes paupières et les miennes.

Iphigénie.

Je le laissai jeune enfant dans la maison paternelle, et encore entre les bras de sa nourrice. Ô mon âme, plus heureuse que je ne puis l'exprimer ! que dirai-je ? Cet événement est au-dessus du prodige, au-dessus de toute expression.

Oreste.

Puissions-nous à l'avenir être heureux l'un avec l'antre !

Iphigénie, *au Chœur.*

J'ai reçu une joie inespérée, ô mes amies ; mais je crains que l'auteur de ma joie ne m'échappe et ne s'envole comme un fantôme léger. Ô cité bâtie par la main des Cyclopes, ô Mycènes, ma chère patrie, que de grâces ne to dois-jepas, pour avoir donné la vie, pour avoir donné l'éducation à ce frère, la gloire de notre famille !

Oreste.

Heureux par notre naissance, ô ma sœur, si nous envisageons les événements, nous avons une vie bien malheureuse.

Iphigénie.

Infortunée, je l'ai bien appris, quand mon père accablé de douleur plongea le couteau sacré dans mon sein.

Oreste.

Hélas ! même loin de ce spectacle, je crois te voir sous le coup mortel.

Iphigénie.

Et lorsque, privée de l'hymen d'Achille, on me conduisait abusée dans la prétendue chambre nuptiale, autour de l'autel régnaient le deuil et les larmes. Hélas ! hélas ! quelle ablution m'y attendait !

Oreste.

Moi aussi j'ai déploré l'attentat auquel osa se porter mon père.

Iphigénie.

Père dénaturé, il ne m'a point traitée comme son enfant. Mais les calamités s'enchaînent.

Oreste.

Infortunée, et si tu avais immolé ton frère ?

Iphigénie.

Par l'influence de quelque divinité ? Ah ! malheureuse, quel attentat ! Mon attentat est horrible ! oui, il est horrible, ô mon frère ! Tu l'as à peine évité, ce coup impie que mes mains allaient frapper. Mais quelle sera la fin de tant de maux ? quelle sera ma destinée ? quel moyen trouver pour t'arracher à ce pays, à la mort, pour te renvoyer à Argos, ta patrie, sans plonger le glaive sacré dans ton sang ? C'est à toi, malheureux Oreste, à trouver cet expédient. Sera-ce par terre et à pied, plutôt que par mer ? Mais tu affronteras la mort, en traversant des tribus barbares et des chemins impraticables ; et par le détroit des roches Cyanées la route est longue et la navigation difficile. Ah ! malheureuse, malheureuse ! quel dieu, ou quel mortel, ou quel hasard inespéré, aplanissant tant d'obstacles, montrera aux deux Atrides dans l'abandon le terme de leurs souffrances ?

IPHIGÉNIE EN TAURIDE

Le Chœur.

Au nombre des choses merveilleuses et qu'on ne saurait exprimer, en voilà dont je puis parler moi-même, en témoin qui a tout vu et tout entendu.

Pylade.

Oui, Oreste, il est naturel que des amis qui retrouvent leurs amis se livrent à de doux embrassements ; mais il font aussi mettre fin aux lamentations, et en venir te chercher les moyens de sauver nos jours et de quitter ces rivages barbares. Le propre des sages est de ne pas manquer à la fortune et de saisir l'occasion, sans chercher des plaisirs intempestifs.

Oreste.

Tu as raison ; mais je crois que la fortune seconde nos efforts. Pour ceux qui ont du cœur, il est naturel que le secours divin Soit plus efficace.

Iphigénie.

Rien ne saurait m'empêcher de m'informer de la destinée d'Électre : tout ce que j'en apprendrai sera intéressant pour moi.

Oreste.

Elle est l'épouse de Pylade, et jouit d'une vie heureuse.

Iphigénie.

Mais quel est son pays, et de qui est-il fils ?

Oreste.

Strophius le Phocéen est son père.

Iphigénie.

La fille d'Atrée est donc sa mère, et le sang nous unit ?

Oreste.

C'est ton cousin, et pour moi le seul ami fidèle.

Iphigénie.

Il n'était pas encore né, lorsque mon père me sacrifia ?

Oreste.

Non ; Strophius resta quelque temps sans avoir d'enfants.

Iphigénie.

Salut donc, époux de ma sœur.

Oreste.

Il est aussi mon sauveur, et non pas seulement mon parent.

Iphigénie.

Mais comment as-tu osé commettre un terrible attentat sur ta mère ?

Oreste.

Gardons le silence là-dessus : j'avais à venger mon père.

Iphigénie.

Mais quelle cause la porta à faire périr son époux ?

Oreste.

Laisse là les crimes de ta mère ; il ne te sied pas d'en entendre le récit.

Iphigénie.

Je me tais. Maintenant donc le destin d'Argos repose sur toi ?

Oreste.

Ménélas règne, et je suis exilé de ma patrie.

Iphigénie.

Quoi donc ? a-t-il accablé notre maison dans la détresse ?

Oreste.

Non ; mais la crainte des Furies qui me poursuivent me chasse de mon pays.

Iphigénie.

Voilà donc la cause du délire qui t'a saisi, dit-on, sur le rivage et en ces lieux ?

Oreste.

Ce n'est pas la première fois qu'on m'a vu malheureux.

Iphigénie.

J'entends : c'est à cause de ta mère que les déesses te poursuivent.

Oreste.

Oui, et elles me maîtrisent avec un frein sanglant.

Iphigénie.

Pourquoi donc as-tu abordé en cette contrée ?

Oreste.

Je suis venu, conduit par l'oracle d'Apollon.

Iphigénie.

Quel était ton dessein ? est-ce un mystère que tu ne puisses dire ?

Oreste.

Je vais te l'apprendre : cet oracle est pour moi l'origine de bien des peines. Après que le crime de ma mère, que je tais, eut été puni par mon bras, les persécutions des Euménides me forcèrent de m'exiler. Puis Apollon m'envoya à Athènes, pour subir le jugement des déesses qu'on craint de nommer. Là se tient ce tribunal révéré au quel Jupiter soumit le dieu Mars, pour avoir souillé ses mains dans le sang. Arrivé dans cette ville, nul hôte ne voulut d'abord m'y recevoir, comme en horreur aux dieux : ceux qui respectaient encore les droits de l'hospitalité me reçurent à une table solitaire, quoique habitant sous le même toit, et par leur silence ils me réduisaient aussi à me taire ; pour m'empêcher de partager leur boire et leur manger, ils avaient chacun leur coupe, toutes pareilles, dans lesquelles ils versaient le vin pour se livrer au plaisir de la table. Et moi, je n'osais me plaindre à mes hôtes ; mais, dans ma douleur silencieuse, j'avais l'air de n'y pas prendre garde, tout en gémissant au fond de l'âme, parce que j'étais le meurtrier de ma mère. J'ai appris qu'à Athènes mon malheur avait donné lieu à une fête, et que l'usage se conserve encore chez le peuple de Minerve de la célébrer en l'honneur des coupes. Quand je fus arrivé sur la colline de Mars et que je comparus en jugement, je me plaçai sur un des sièges, et la plus vieille des Furies prit l'autre. Apollon, écoutant et répondant à l'accusation de parricide, me sauva par son témoignage. Pallas compta les suffrages recueillis de ses propres mains : ils se trouvèrent égaux de part et d'autre, et je sortis absous de cette accusation capitale. Celles des Euménides qui acquiescèrent à ma sentence résolurent d'avoir un temple près du lieu où l'on avait recueilli les suffrages ; celles qui furent mécontentes de ce jugement me poursuivirent sans relâche, jusqu'à ce que, revenant sur la terre sacrée d'Apollon, étendu à la porte de son temple sans prendre de nourriture, je jurai de me donner la mort, si le dieu auteur de ma perte ne devenait l'auteur de mon salut. Aussitôt, faisant entendre sa voix par le trépied d'or, Apollon m'ordonne de venir en cette contrée, pour enlever la statue descendue du ciel et la déposer sur le sol d'Athènes. Telle est la voie de salut que le dieu m'a ouverte : aide-moi à y marcher. Si, en effet, je puis m'emparer de la statue de la déesse, délivré alors de mes fureurs, je t'embarquerai sur mon navire aux rames agiles, et je te ramènerai à Mycènes. Ainsi, ô ma sœur, ô tête chérie, sauve la maison paternelle, sauve ton frère ; car je suis perdu sans ressource, et avec moi la race de Pélops, si nous n'enlevons la statue céleste de la déesse.

Le Chœur.

La colère terrible des dieux est déchaînée sur la race de Tantale, et l'accable d'infortunes.

Iphigénie.

J'ai conçu le désir, même avant ton arrivée, de retourner à Argos et de te revoir, ô mon frère. Je veux ce que tu veux toi-même, te délivrer de tes souffrances et relever de ses ruines la maison paternelle ; car je n'ai plus de ressentiment contre celui qui m'a immolée. Ma main se dispensera de t'égorger, et je sauverai notre maison. Mais comment échapper aux yeux de la déesse et à la colère du roi, lorsqu'il trouvera le socle de pierre vide de sa statue ? comment me soustraire à la mort ? quelle excuse alléguer ? Ah ! si tout pouvait s'accomplir du même coup, si tu pouvais à la fois enlever la statue de la déesse et m'emmener sur ton vaisseau, ce serait une glorieuse entreprise. Mais, séparée de ce gage précieux, je périrai, et toi, après avoir pourvu à ton salut, tu reverras ta patrie. Cependant je ne fuis aucun péril, pas même la mort s'il le faut, pour te sauver. En effet la mort d'un homme laisse des regrets dans une famille, mais une femme est impuissante.

Oreste.

Non, je ne serai point ton meurtrier, comme je fus celui de ma mère. C'est assez de son sang. Je veux tout partager avec toi, et dans la vie et dans la mort. Je te ramènerai dans notre patrie, si je m'échappe moi-même de ces lieux, ou j'y resterai pour mourir avec toi. Mais écoute ce que je pense : si cet enlèvement déplaisait à Diane, Apollon aurait-il ordonné de transporter la statue de la déesse dans la ville de Minerve ? m'aurait-il promis la joie de te revoir ? En rapprochant toutes ces idées, je conçois l'espoir d'un heureux retour.

Iphigénie.

Mais comment faire pour échapper à la mort et nous assurer l'objet de nos vœux ? La volonté du moins ne manque pas.

Oreste.

Ne pourrions-nous pas tuer le tyran.

Iphigénie.

Périlleuse entreprise pour des étrangers, de tuer les gens du pays où ils arrivent !

Oreste.

Mais si ton salut et le mien en dépendent, il faut tenter l'entreprise.

Iphigénie.

Je ne saurais, mais je loue ton courage.

Oreste.

Mais, quoi ! si tu me cachais secrètement dans le temple ?

Iphigénie.

Pour nous sauver à la faveur des ténèbres ?

Oreste.

La nuit est favorable à ceux qui dérobent, comme la lumière à la vérité.

Iphigénie.

Il y a dans le temple des gardiens sacrés, auxquels nous n'échapperons pas.

Oreste.

Ah dieux ! nous sommes perdus. Quel moyen de salut ?

Iphigénie.

Je crois avoir trouvé un nouvel expédient.

Oreste.

Lequel ? fais-moi part de ton idée.

Iphigénie.

Je me servirai de vos fureurs mêmes pour tromper nos gardiens.

Oreste.

Que les femmes ont l'esprit fécond en ressources !

Iphigénie.

Je dirai que tu viens d'Argos et que tu es le meurtrier de la mère.

Oreste.

Use de mes malheurs, si tu peux les mettre à profit.

Iphigénie.

Je dirai qu'il n'est pas permis de sacrifier à la déesse.

Oreste.

Sous quel prétexte ? je soupçonne quelque chose.

Iphigénie.

Une victime impure, et que je l'immolerai quand elle sera purifiée.

Oreste.

Comment nous sera-t-il plus aisé ainsi d'enlever la statue ?

Iphigénie.

J'annoncerai l'intention de te purifier dans les eaux de la mer.

Oreste.

La statue, but de notre voyage, est encore dans l'intérieur du temple.

Iphigénie.

Je dirai qu'il faut purifier aussi la statue souillée par tes attouchements.

Oreste.

Vers quelle partie du rivage ?

Iphigénie.

À l'endroit même où ton vaisseau est attaché par les câbles.

Oreste.

Quelque autre portera-t-il la statue avec toi ?

Iphigénie.

Moi-même : seule j'ai le droit d'y porter les mains.

Oreste.

Et Pylade, quel rôle jouera-t-il dans notre entreprise ?

Iphigénie.

On dira qu'il est souillé du même crime.

Oreste.

Est-ce à l'insu du roi, ou à sa connaissance, que tu feras cette tentative ?

Iphigénie.

J'emploierai la persuasion ; car ce ne peut être à son insu.

Oreste.

Et puis, nous avons de bons rameurs sur notre vaisseau.

Iphigénie.

Le reste te regarde, c'est à toi d'y pourvoir.

Oreste.

Une seule chose encore est nécessaire, c'est que ces femmes gardent le secret. Conjure-les de se taire, trouve des paroles persuasives ; une femme est toujours habile à exciter la compassion. Tout le reste aura, j'espère, une heureuse issue.

Iphigénie, *au Chœur.*

Chères compagnes, j'ai recours à vous ; de vous dépend mon bonheur ou ma ruine, eu me privant à jamais de ma patrie, d'un frère chéri et d'une sœur bien-aimée. Voici ce que je vous demande d'abord : nous sommes femmes, notre sexe se distingue par une bienveillance réciproque, et par la fidélité à nos intérêts communs. Gardez-nous le secret, et secondez notre fuite. C'est une chose précieuse qu'une langue dont la discrétion est sûre. Vous le voyez, une seule et même fortune, le retour dans la patrie, ou la mort, attend trois têtes bien chères. En assurant mon salut, j'assure le tien ; et pour que tu partages aussi notre fortune, je te ramènerai dans la Grèce. Oui, je t'en conjure par cette main que je presse ; et toi, et toi aussi, reçois ma prière ; et toi, par ce visage que je touche, par ces genoux que j'embrasse, par tout ce qui t'est cher dansta maison ; au nom d'un père, d'une mère, au nom de tes enfants, s'il est des mères parmi vous. Chères compagnes, parlez. Qui de vous me donne ou me refuse son aveu ? faites-moi connaître vos sentiments. Si vous n'approuvez pas mes projets, c'est fait de moi et de mon frère.

Le Chœur.

Rassure-toi, chère maîtresse, et songe seulement à ta délivrance. Pour ce qui est de moi, je conserverai fidèlement, j'en prends à témoin le grand Jupiter, tous les secrets que tu m'as confiés,

Iphigénie.

Je vous rends grâces pour ces paroles, et fais des vœux pour votre bonheur. Pour vous deux, Oreste et Pylade, il est temps d'entrer dans le temple. Le roi de cette contrée va venir, pour s'informer si le sacrifice est accompli.

Oreste et Pylade quittent la scène.

Iphigénie.

Vénérable déesse, qui jadis en Aulide me délivras des mains meurtrières d'un père, délivre-moi encore aujourd'hui, avec ces deux infortunés. Si tu ne nous prêtes ton secours, quel mortel désormais ajoutera foi aux oracles d'Apollon ? Seconde nos projets, et quitte cette terre barbare pour le séjour d'Athènes. Il ne te convient pas de rester en ces lieux, quand tu peux habiter une ville fortunée.

Le Chœur.

Oiseau qui, sur les rochers de la mer, chantes ta destinée lamentable ; Alcyon, dont les doux accents, compris des sages mortels, pleurent sans cesse un époux chéri ; je mêle mes gémissements aux tiens ; oiseau plaintif comme toi, mais privée d'ailes pour revoir ma patrie, je regrette les doux entretiens des Grecs ; je regrette Diane Lucine, qui habite sur le mont Cynthius, à l'ombre des palmiers à l'élégant feuillage, des lauriers aux rameaux touffus, et du pâle olivier consacré par les couches de Latone, non loin du lac peuplé de cygnes dont les chants mélodieux célèbrent les Muses. Que de larmes coulèrent de mes yeux, et baignèrent mon visage, lorsqu'après la ruine de ma patrie, je montai sur des navires couverts de rames et de lances ennemies ! Vendue à prix d'or, je vins dans ce pays barbare, où je sers la fille d'Agamemnon, prêtresse de Diane chasseresse. Vouée au service des autels qu'arrose le sang des victimes, je porte envie à ceux dont le sort fut toujours misérable ; car le malheur est moins pesant à celui qui y fut élevé ; mais les revers qui surviennent après la prospérité rendent la vie insupportable aux mortels. Pour toi, ô ma maîtresse, un navire argien porté par cinquante rames, te conduira dans ta patrie : les sons aigus de la flûte de Pan, dieu des montagnes, encourageront les rameurs, et Apollon le prophète, faisant résonner les sept cordes de sa lyre, accompagnera de ses chants ton voyage vers la splendide Athènes. Tu me laisses en ces lieux, et tu te livres à l'agilité des rames, et les cordages tendront au vent les voiles du vaisseau rapide gonflées vers la proue.

Que ne puis-je, portée sur des ailes, parcourir l'immensité des cieux, où le soleil promène ses ardents rayons ! J'arrêterais mon vol au-dessus de la maison paternelle : je me mêlerais aux chœurs de danse où, vierge destinée à un noble hyménée, j'animais sous les yeux de ma mère la troupe des jeunes filles de mon âge, et je disputais à mes compagnes le prix de la beauté, laissant ondoyer les tissus précieux et les boucles flottantes qui voilaient mon visage.

Thoas.

Où est la femme grecque, gardienne de ce temple ? a— t-elle commencé le sacrifice des deux étrangers ? leurs corps brûlent-ils dans le feu du sanctuaire ?

Le Chœur.

La voici, ô roi ; elle répondra elle-même à tes questions.

Thoas.

Eh quoi ! d'où vient, fille d'Agamemnon, que tu as enlevé de sa place la statue de la déesse, et que tu la transportes dans tes bras ?

Iphigénie.

Ô roi, arrête ici tes pas, à l'entrée du temple.

Thoas.

Qu'est-il donc arrivé d'extraordinaire, Iphigénie ?

Iphigénie.

Une abomination : c'est le respect religieux qui m'arrache ce mot.

Thoas.

Quel étrange début ? parle clairement.

Iphigénie.

Les victimes dont vous vous êtes emparés sont impures.

Thoas.

Qui te l'a appris ? ou n'est-ce qu'une supposition ?

Iphigénie.

La statue de la déesse a reculé de sa place et s'est détournée.

Thoas.

D'elle-même, ou par l'effet d'un tremblement de terre ?

Iphigénie.

D'elle-même, et ses yeux se sont fermés.

Thoas.

Quelle en est la cause ? est-ce la scélératesse des étrangers ?

Iphigénie.

Voilà la véritable cause : ils ont commis un crime atroce.

Thoas.

Ont-ils égorgé quelque étranger sur le rivage ?

Iphigénie.

Ils sont venus chargés d'un meurtre domestique.

Thoas.

Lequel ? je brûle de l'apprendre.

Iphigénie.

Ils ont assassiné leur mère, de complicité.

Thoas.

Ô Apollon ! un barbare même n'eût pas osé un tel attentat.

Iphigénie.

Ils ont été chassés de la Grèce par la réprobation générale.

Thoas.

Est-ce donc pour cela que tu enlèves la statue de la déesse ?

Iphigénie.

Je l'expose à l'air pur, pour écarter la souillure.

Thoas.

Et comment as-tu découvert le crime des deux étrangers ?

Iphigénie.

J'en ai eu la preuve quand la statue de la déesse s'est retournée.

Thoas.

Tu as puisé dans la Grèce une sagesse profonde. Avec quel tact tu as deviné !

Iphigénie.

Et cependant ils ont charmé mon cœur de la joie la plus douce.

Thoas.

En t'apportant quelque heureuse nouvelle d'Argos ?

Iphigénie.

Oreste, mon unique frère, est vivant.

Thoas.

Sans doute pour obtenir la vie, en reconnaissance de leur bonne nouvelle ?

Iphigénie.

Et mon père vit et prospère.

Thoas.

Et toi, tu n'as songé qu'au culte de la déesse.

Iphigénie.

Oui, je hais la Grèce, qui m'a sacrifiée.

Thoas.

Que ferons-nous donc des deux étrangers, dis-moi ?

Iphigénie.

Il faut observer la loi qui nous est imposée.

Thoas.

Où est donc l'eau lustrale et le couteau sacré ?

Iphigénie.

Je veux d'abord purifier les victimes par de saintes ablutions.

Thoas.

Est-ce dans une eau de source, ou dans les flots de la mer ?

Iphigénie.

La mer enlève tous les maux des mortels.

Thoas.

Leur sacrifice serait alors plus agréable à Diane.

Iphigénie.

Et mon ministère s'exercera plus saintement.

Thoas.

Eh bien, les flots de la mer viennent se briser au pied du temple.

Iphigénie.

Cette cérémonie veut de la solitude ; nous avons d'autres choses à faire.

Thoas.

Va donc où tu veux : je ne demande point à voir les mystères secrets.

Iphigénie.

Je dois purifier aussi la statue de la déesse.

Thoas.

En effet, la tache du parricide l'a souillée.

Iphigénie.

Sans cela, je ne l'aurais jamais tirée de son sanctuaire.

Thoas.

Je loue ta piété et ta prévoyance. Qu'avec raison toute la ville t'admire !

Iphigénie.

Sais-tu ce qu'il faut faire à présent ?

Thoas.

C'est à toi de me le dire.

Iphigénie.

Il faut charger de chaînes les deux étrangers.

Thoas.

Où pourraient-ils fuir ?

Iphigénie.

La Grèce ne connaît pas la bonne foi.

Thoas.

Eh bien ! gardes, qu'on les enchaîne.

Iphigénie.

Qu'ils amènent aussi les étrangers en ces lieux.

Thoas.

J'y consens.

Iphigénie.

Qu'on leur voile le visage.

Thoas.

Contre les rayons du soleil ?

Iphigénie.

Donne-moi aussi des gardes pour escorte.

Thoas.

Ceux-ci t'accompagneront.

Iphigénie.

Envoie aussi l'ordre aux habitants,

Thoas.

De quoi ?

Iphigénie.

De se renfermer dans leurs maisons.

Thoas.

Pour ne pas rencontrer les parricides ?

Iphigénie.

Car c'est là une souillure abominable.

Thoas, *à un garde*

Va, et publie la défense.

Iphigénie.

Que personne ne s'offre à leur vue.

Thoas.

Tu as une louable sollicitude pour la cité.

Iphigénie.

Surtout qu'aucun de nos amis ne paraisse.

Thoas.

Ceci s'adresse à moi.

Iphigénie.

Toi, reste ici devant le temple,

THOAS.

Pour quoi faire ?

IPHIGÉNIE.

Tu le sanctifieras par le feu.

THOAS.

Pour qu'à ton retour il soit purifié ?

IPHIGÉNIE.

Et quand les étrangers sortiront,

THOAS.

Que dois-je faire ?

IPHIGÉNIE.

Couvrir tes yeux de ton péplus.

THOAS.

De peur de contracter quelque souillure ?

IPHIGÉNIE.

Et si je tarde trop longtemps,

THOAS.

Quel terme me prescris-tu ? Ne t'étonne point.

THOAS.

Accomplis à loisir le culte de la déesse.

Iphigénie.

Puisse cette expiation réussir selon mes souhaits !

Thoas.

Je joins mes vœux aux tiens.

Iphigénie.

Déjà je vois sortir du temple les deux étrangers, le pompeux appareil de la déesse, les jeunes agneaux dont le sang doit laver la tache du parricide, les torches brillantes, et tout ce que j'ai prescrit pour purifier les coupables et satisfaire la déesse. J'interdis aux citoyens ce spectacle impur. Gardiens des temples, qui devez conserver vos mains pures pour le culte des dieux, et vous que l'hymen va unir, et vous, femmes, qui portez dans votre sein les germes de la fécondité, fuyez, retirez-vous, pour ne point contracter de souillure. Vierge auguste, fille de Jupiter et de Latone, si j'expie le meurtre de ces hommes, et si je sacrifie aux lieux où je dois sacrifier, tu habiteras un séjour pur, et nous serons heureux. Bien que je n'en dise pas davantage, cependant je laisse entendre le reste aux dieux, qui savent tout, et à toi, Diane.

Le Chœur.

Le noble fils que Latone enfanta jadis dans les fertiles vallées de Délos, le blond Phébus, habile à jouer de la lyre, et Diane adroite à lancer le javelot, quand leur mère quitta les bords tranquilles du lac illustré par son enfantement, furent transportés des rochers de son île battue par les vagues sur la cime du Parnasse, théâtre des mystères de Bacchus, où un dragon à la peau tachetée, aux yeux sanglants, comme un gardien couvert d'une armure d'airain, monstre enfanté par la Terre, veillait à l'ombre d'un laurier touffu, sur l'oracle souterrain. Encore enfant, encore dans les bras de ta mère, tu le tuas, ô Apollon, et tu t'emparas des oracles divins : tu sièges sur le trépied d'or, trône d'où jamais ne sort le mensonge, et tu dévoiles aux mortels tes oracles qui partent des entrailles du sol ; ton sanctuaire, voisin de la fontaine Castalie, est situé au centre de la terre. Mais après qu'il eut attaqué Thémis, fille de la Terre, et qu'il l'eut dépossédée des oracles divins, la Terre ténébreuse enfanta les fantômes des songes, qui annonçaient aux mortels, pendant leur sommeil, le passé, le présent et l'avenir, du sein des cavernes souterraines ; et, partageant le ressentiment de sa fille, elle ravit a Apollon le don de prédire l'avenir. Aussitôt Apollon s'élance vers l'Olympe, et, du trône de Jupiter, il agite sa main enfantine, comme pour chasser du temple Pythien la colère de la Terre et les oracles nocturnes. Jupiter sourit de l'empressement de son fils jaloux de s'assurer le culte de l'opulent sanctuaire de Delphes. Il secoua sa chevelure redoutable et dissipa les songes nocturnes, il délivra les mortels des prédictions parties du sein des ténèbres, et rendit à Phébus ses honneurs, et aux hommes la confiance dans ses oracles chantés dans ce temple célèbre et révéré.

Le Messager.

Gardiens du temple, vous qui veillez sur ces autels, où est allé Thoas, roi de cette contrée ? Ouvrez ces portes solidement fermées, et appelez hors du temple le maître de ce pays.

Le Chœur.

Qu'y a-t-il donc, s'il me convient de parler sans être interrogée ?

Le Messager.

Les deux Grecs ont disparu ; aidés de la fille d'Agamemnon, ils s'échappent de ce pays, emportant sur leur vaisseau la vénérable statue.

Le Chœur.

Tu dis là une chose incroyable ; mais le roi, que tu cherches, est sorti du temple.

IPHIGÉNIE EN TAURIDE

Le Messager.

Où est-il allé ? Il faut qu'il soit instruit de ce qui se passe.

Le Chœur.

Nous l'ignorons ; mais va, cherche-le, et, quand tu l'auras trouvé, annonce-lui cette nouvelle.

Le Messager.

Voyez combien les femmes méritent peu notre confiance ! Vous aviez connaissance du projet qui vient de s'accomplir.

Le Chœur.

Tu es fou ; qu'a de commun avec nous la fuite de ces étrangers ? Que ne vas-tu au plus tôt à la porte du palais ?

Le Messager.

Non, je veux savoir d'abord si le roi est, ou non, dans le temple. Holà ! ouvrez, vous qui êtes là-dedans, et annoncez au roi que j'attends à la porte, et que j'ai à lui apprendre une nouvelle accablante.

Thoas.

Qui pousse ces clameurs autour du temple ? qui frappe à la porte et répand ici l'épouvante ?

Le Messager.

Ces femmes m'ont fait un mensonge ; elles voulaient m'éloigner, sous prétexte que tu étais absent ; et cependant tu étais dans le temple.

Thoas.

Quel profit en espéraient-elles ? dans quel but ?

Le Messager.

Je reviendrai plus tard sur ce qui les regarde ; mais écoute le plus pressé. La jeune fille qui veillait ici à la garde des autels, Iphigénie, s'enfuit de ces lieux avec les étrangers, emportant la vénérable statue de la déesse : ses expiations n'étaient qu'un artifice.

Thoas.

Que dis-tu ? quel vent l'a poussée ?

Le Messager.

Le désir de sauver Oreste ; c'est là ce qui va te surprendre.

Thoas.

Quel Oreste ? le fils de Clytemnestre ?

Le Messager.

Celui qu'elle avait consacré à la déesse sur cet autel même.

Thoas.

Ô prodige ! quel nom plus fort trouver pour cet événement ?

Le Messager.

Ce n'est pas là ce qui doit occuper ton esprit ; mais écoute-moi, et, après avoir attentivement examiné l'affaire, songe aux moyens de reprendre les fugitifs.

Thoas.

Parle, ton avis est bon ; dans leur fuite, ils n'ont pas pris sans doute le chemin de la mer pour échapper à mes armes.

Le Messager.

Après que nous fûmes arrivés sur le rivage de la mer où le vaisseau d'Oreste était caché, nous que tu avais chargés de veiller sur les étrangers enchaînés, la fille d'Agamemnon nous fait signe de nous éloigner, comme si elle se disposait à allumer le feu du sacrifice, auquel il n'est pas permis d'assister, et à commencer l'expiation. Elle marchait derrière, tenant dans ses mains les chaînes des deux étrangers. Cela nous semblait suspect ; cependant tes serviteurs ne réclamèrent point. Enfin, pour avoir l'air de faire quelque chose d'important, elle pousse des cris plaintifs, et fait entendre des chants barbares, accompagnés de cérémonies magiques, comme pour l'expiation. Après avoir longtemps attendu, la crainte nous vint que les étrangers, en brisant leurs fers, ne massacrassent la prêtresse et ne prissent la fuite. Mais, pour ne pas risquer de voir des mystères dont la vue nous est interdite, nous restâmes assis en silence. Enfin nous tombâmes tous d'accord d'aller où ils étaient, nonobstant la défense. Là nous voyons un vaisseau grec avec un équipage complet prêt à voler sur les ondes, et cinquante rameurs, les rames levées, et les deux jeunes gens, libres de leurs fers, s'approchant de la poupe. Sur le navire, les uns maintenaient la proue avec de longues perches, les autres suspendaient les ancres, d'autres s'empressaient de disposer les échelles, et tiraient les câbles qu'ils jetaient dans la mer aux deux étrangers. Pour nous, à la vue de cette machination trompeuse, déposant toute crainte, nous nous emparons de la prêtresse et des câbles, et nous nous efforçons d'arracher le gouvernail. On entre en explication : « Pourquoi, disons-nous, vous embarquer en dérobant nos statues et nos prêtresses ? Qui es-tu, quel est ton père, toi qui enlèves cette femme ? » — L'un d'eux répond : « Je suis Oreste, son frère, fils d'Agamemnon, si tu veux le savoir. Je retrouve ma sœur que j'avais perdue, et je la ramène dans sa patrie. » Nous n'en retenions pas moins l'étrangère, et nous tâchions de la forcer tous à nous suivre auprès de toi. Alors on eu vint aux coups à la figure ; car ainsi qu'eux nous étions sans armes : les coups de poing retentissaient, et les bras des deux jeunes gens à la fois tombaient sur nos flancs et sur notre poitrine ; aussi, bientôt épuisés, nos membres se refusent a continuer le combat. Portant les marques cruelles de la mêlée, nous fuyons sur les hauteurs, avec de sanglantes blessures, les uns à la tête, les autres aux yeux. Postés sur la colline, nous combattions avec plus de sûreté, et nous lancions des pierres ; mais des archers placés sur la poupe du vaisseau nous écartent à coups de flèches, et nous forcent de reculer. En ce moment (une vague énorme avait rapproché le vaisseau de la terre, et l'on craignait de le voir submergé)Oreste enlève sa sœur sur son épaule gauche, s'avance dans la mer, et, montant à l'échelle, dépose sur le vaisseau Iphigénie, avec la statue de la fille de Jupiter tombée du ciel. Alors du milieu du navire une voix s'élève : « Matelots de la Grèce, mettez à la voile, et faites blanchir les flots sous la rame : nous possédons l'objet pour lequel nous avons traversé le Pont-Euxin et affronté les Symplégades. » À cette voix les nautoniers répondent par un doux frémissement, et frappent la mer de leurs rames. Le vaisseau, tant qu'il fut dans le port, marchait bien ; mais au moment de franchir l'entrée, il rencontrait le choc impétueux des vagues qui le repoussait, et un vent violent, s'élevant tout à coup, le rejetait en arrière. Les rameurs avaient beau lutter avec effort contre le courant, le reflux des flots les ramenait vers le rivage. La fille d'Agamemnon, debout, se mit à prier : « Ô fille de Latone, sauve ta prêtresse, favorise mon retour d'un pays barbare dans la Grèce, et pardonne-moi mon larcin. Tu aimes aussi ton frère, ô déesse ; pense que j'aime aussi le mien. » Les nautoniers répondent à la prière de la jeune vierge par de joyeuses acclamations, et de leurs bras nerveux ils font voler les rames, en s'animant par leurs chants cadencés. Le vaisseau s'avançait de plus en plus vers le détroit : un des matelots sauta dans la mer, un autre attacha des câbles aux flancs du navire. Et moi je suis accouru aussitôt ici, pour t'annoncer ce qui se passe. Va donc, et fais porter des chaînes pour les fugitifs ; car si la violence, de la mer ne se calme, il n'y a point de salut à espérer pour eux. Le dieu de la mer, le puissant Neptune, est fidèle à la cause de Troie, et ennemi de la race de Pélops, il fera tomber entre tes mains le fils d'Agamemnon, et te livrera sa sœur, qui oublie le sacrifice accompli en Aulide, et trahit la déesse sa

IPHIGÉNIE EN TAURIDE

libératrice.

Le Chœur.

Ô malheureuse Iphigénie, tu vas périr avec ton frère, après être retombée dans les mains de tes maîtres.

Thoas.

Vous tous, citoyens de cette terre barbare, saisissez les rênes de vos coursiers et volez sur le rivage. N'empêcherez-vous pas le départ d'un vaisseau grec ? Avec l'aide de la déesse, hâtez-vous, et saisissez ces hommes impies : lancez sur les flots des navires rapides, afin que, poursuivis sur mer comme sur la terre, ils ne puissent échapper, et qu'ils soient précipités du haut d'un rocher escarpé, ou empalés sur des pieux aigus. Pour vous, femmes perfides, complices de leurs desseins, plus tard, quand j'en aurai le loisir, je vous punirai. Pour le moment, occupé de soins plus pressants, je ne dois pas rester tranquille en ces lieux.

Minerve.

Ô roi Thoas, où conduis-tu cette troupe à la poursuite des Grecs ? Écoute Minerve qui te parle. Cesse de les poursuivre et de lancer contre eux ces flots de combattants. C'est par obéissance aux oracles d'Apollon, interprètes desdestins, qu'Oreste est venu en ces lieux pour échapper à la colère des Furies, pour ramener sa sœur à Argos, et rapporter sur la terre que je protège la statue sacrée qui doit mettre fin aux malheurs présents. Voilà ce que j'avais à te dire. Quant à Oreste, à qui tu veux donner la mort en le surprenant sur les flots, déjà Neptune, en ma faveur, a calmé la surface de la mer ; il a guidé lui-même la marche de son navire. Toi donc, Oreste, écoute mes ordres (car, malgré ton éloignement, tu entends la voix d'une déesse) : poursuis ta route, accompagné de la statue et de ta sœur Iphigénie. Lorsque tu seras arrivé dans Athènes, bâtie par une main divine, il est sur les confins de l'Attique un lieu sacré, voisin du rivage de Caryste ; mon peuple le désigne sous le nom de Haies : tu y placeras la statue de la déesse, dont le nom rappellera la

Tauride, et les épreuves subies par toi dans tes courses à travers la Grèce, quand la colère des Furies te poursuivait. Diane, à l'avenir, sera chantée par les mortels sous le nom de déesse Taurique. Dans les fêtes que le peuple célébrera en mémoire du pardon accordé à ton meurtre, tu établiras pour loi qu'on approche le glaive nu du sein d'une victime humaine, et qu'on en tire quelques gouttes de sang, pour que la déesse reçoive les honneurs qui lui sont dus. Pour toi, Iphigénie, tu dois, sur les hauteurs sacrées de Brauron, devenir prêtresse de la déesse : tu y seras ensevelie après ta mort, et l'on déposera sur ton tombeau les tissus précieux laissés par les femmes qui auront expiré dans les douleurs de l'enfantement. Je te recommande, Oreste, de ramener de ce pays ces femmes grecques, en reconnaissance du bon vouloir qu'elles vous ont témoigné. C'est moi qui t'ai sauvé et qui déjà, sur la colline de Mars, te donnai l'égalité des suffrages ; qu'à l'avenir cette loi soit toujours observée, d'absoudre celui qui obtient l'égalité des suffrages. Emmène donc ta sœur hors de ce pays, fils d'Agamemnon ; et toi, Thoas, calme ta colère.

Thoas.

Puissante Minerve, celui qui entend les ordres des dieux et refuse d'obéir est un insensé. Quoique Oreste emporte la statue de la déesse, je n'ai point de colère contre lui ni contre sa sœur. Qu'y a-t-il de beau à lutter contre la puissance des dieux ? Qu'ils aillent dans la contrée où tu règnes, et qu'ils y déposent sous d'heureux auspices la statue de Diane. Je renverrai aussi ces femmes dans la Grèce fortunée, comme ta voix me le commande. J'arrêterai l'armée et les vaisseaux destinés à poursuivre les fugitifs, puisqu'il te plaît ainsi, ô déesse.

Minerve.

Je loue ton obéissance, car le Destin règne sur toi, et même sur les dieux. Soufflez, vents favorables, portez à Athènes le fils d'Agamemnon : j'accompagnerai son navire et je veillerai sur la statue auguste de ma sœur.

Le Chœur.

Allez et prospérez, bénissez l'heureux destin qui vous sauve. Ô déesse vénérable parmi les immortels comme parmi les mortels, nous ferons ce que tu nous ordonnes. Elle est bien douce à mon cœur, la promesse inespérée que je reçois. Ô glorieuse Victoire, sois la compagne de ma vie, et ne cesse pas de me couronner.

FIN D'IPHIGÉNIE EN TAURIDE.

ISBN : 978-3-96787-773-1

IPHIGÉNIE EN TAURIDE

Milton Keynes UK
Ingram Content Group UK Ltd.
UKHW010701080324
439098UK00004B/219